Renate von Rosenberg

Sonntags Haxen, montags Faxen
Humorige Geschichten in Versen

Renate von Rosenberg

Sonntags Haxen, montags Faxen

Humorige Geschichten in Versen

Rediroma-Verlag

Bibliografische Information der Deutschen Nationalbibliothek:
Die Deutsche Nationalbibliothek verzeichnet diese Publikation in der Deutschen Nationalbibliografie; detaillierte bibliografische Daten sind im Internet über http://portal.dnb.de abrufbar.

ISBN 978-3-98885-298-4

Foto auf der Umschlagrückseite: Ebba Dangschat

www.rediroma-verlag.de
8,95 Euro (D)

Inhaltsverzeichnis

Die Liebeserklärung

Friedel Flieder kauft ein Mieder
für die pralle Oberweite
als geheime Unterseite.
Also einmal angeschafft,
hat dies die Figur gestrafft.

Denn Frau Flieder ist nicht bieder,
singt schon wieder Liebeslieder --
Dum, Dei, Didel -- für Herrn Fliegel,
welcher spielt auf seiner Fiedel
ebenfalls ein zartes Liedel.

Kniet dann nieder wie ein Krieger
oder Sieger vor Frau Flieder,
die schon wieder kauft ein Mieder,
weil Herr Fliegel wie ein Tiger
platzen ließ die Naht vom Mieder.

Greifen kann er nun die Runden,
was er hat für gut befunden.
Bietet ihr mit Brief und Siegel
Hochzeit an als Sitten-Riegel.

Nun von allen Regeln frei,
liebt die Friedel ihren Fliegel,
singen sie ihr Liebesliedel:
„Didel-Dum und Dudel-Dei.“

Schon wieder jung

Es wird ja, was ein jeder weiß,
aus einem Mann dereinst ein Greis.
Durch Arbeit sich emporgeschwungen,
ist ihm die Leistung wohl gelungen.

Die Frau, sie konnte sich hingegen
ihr ganzes Leben pflegen.
Sie schminkte sich und putzte sich
und alterte nur weniglich.

Doch nach den ersten vierzig Jahren
da ist ihr Haupt zwar grau von Haaren.
Doch wirkt sie jetzt um Jahre jünger.
Das dankt sie dem Kosmetik-Dünger
für das Gesicht, das weiß sie schon:
dem Falten-Klau Hyaluron.

Gemischt mit bestem Collagen,
verjüngt dies um die Jahre zehn.
Und das geschieht ja auch ganz plötzlich.
Für unsern Greis nicht sehr ergötzlich.

Er nascht aus dem Kosmetik-Topf
die ganze Salbe in den Kropf,
verwandelt sich zu seinem Glück
in einen jüng'ren Mann zurück.
Nun geht es bei den neuen Alten
darum, die Liebe zu erhalten.
Noch einmal jung sein -- welch Vergnügen!
Auf Wolke sieben sie nun fliegen.
Schon wieder blüht bei beiden heiß,
die Liebe um der Liebe Preis.

Ein Potpourri der Wörter

Manche Tiere
haben viere
kurze Beine
und nur eine
gute Niere,
jubilieren
ohne Zieren,
um beim Frieren
scharf zu gieren
nach den unschuldigen Mieren.

Im Lande Sachsen
schneiden Katzen
ohne Glatzen,
ohne Ratzen
oder Faxen
immer öfter
kecke Fratzen,
wenn sie kratzen
große Batzen
toter Spatzen
aus den Tatzen.

Vor dem Kopf mit einem Brette
machte einst ein armer Lette
eine wunderbare Wette,
dass er nämlich hätte
eine nette Schmuckkassette
unter seinem Lotterbette.

Eh‘ er nach ihr wollte schauen,
dachten Diebe, sie zu klauen.
Doch sie fanden an der Stätte
nur ‘ne Wanze, eine fette,
dachten nun, wie man sich rette
vor der Polizistenkette,
die schon nahte, eins, zwei, drei,
wegen dieser Flunkerei.

Oh je – eine Schreckschraube!

Ein Imker stand vor einer Laube,
um zu naschen eine Traube
und zu tasten eine Schraube
an der Haube in dem Kasten
dieses Faches, die nicht passte
und hier fehlte, sehr zu Lasten
seines Glaubens, dass die Schraube
für die Haube ohne Traube
in der Laube sei verblieben,
um zu rasten vom Gewinde, das gelinde
wohl zu eng sei als Gebinde.

Die taube Schraube voller Schreck
verharrte keck auf einem Fleck,
um abzulenken von dem Leck.
Es half ihr nichts, sie ward gefunden
und passte schließlich unumwunden
und geschwinde ins Gewinde
von dem wichtigen Gebinde.
So half ihr schließlich das Erschrecken,
ihr wahres Dasein zu entdecken.

Gänseklein

Es war einmal eine recht männliche Gans,
die wurde gerufen, ganz einfach, mit Hans.
Kam schnell auf den weißen Flügeln geflogen,
sich niederzulassen in einem Bogen
vor Lotta, der Schönen, zum Tanz sie zu führen
und näher als nahe die Wärme zu spüren.

Das ließ sich die Schöne nun wieder nicht nehmen
und wollte den Tänzer zur Hochzeit bequemen.
Sie gab ihm das Ja-Wort zu seinem Gefallen.
Da küsste er selig, rechts, links, ihre Krallen.
So wurde aus Lotta, geborener Frans,
ganz einfach die Braut von dem Ganter, dem Hans.

In einer der Ecken der ländlichen Scheune,
geschützt vor den Blicken durch dichteste Zäune,
da feierten beide die Hochzeit galanter,
die hübsche Braut Lotta und ihr feiner Ganter.
Da wurde ihr Leben gleich interessanter
und je, wie man's nimmt, auch extravaganter.

Denn Lotta bald legte ein größeres Ei,
da staunten die beiden, warum dies so sei.
Daraus kam ein Vögelchen groß wie ein Küken,
den freudigen Eltern zu ihrem Entzücken,
doch schaut man genau: so groß wie ein Pfau,
bald größer als Gans. Da heißt es: Hans kann's!

Der Goldbaum und die Anemone

Unter eines Baumes Krone
blühte eine Anemone.
Denn sie glaubte, dass die Linde
sie schützen werde vor dem Winde.
Doch irrte sie sich nun gelinde,
weil die Linde das nicht finde
und für Blumen, wie zum Hohne
fände, dass sich das nicht lohne.

Der Sommer kam, die Blume blühte,
verzichtete auf Baumes Güte.
Sie wurde schöner nun denn je,
vermehrte sich zum Defilee.
Betätigte sich dann auch fleißig.
Statt einer gab‘s bald an die dreißig.
Der Herbst kam bunt wie zur Belohnung
mit Winden leider ohne Schonung.

Schon zeigten sich die Blätter hellbraun.
Die Linde wurde nun ein Goldbaum.
Sie dehnte sich in ihrer Pracht:
„So hat die Sonne mich gemacht
mit meiner wunderbar gefärbten Krone.“
Worunter litt die Anemone.

Als die nur einmal sich noch sonnte,
sich reckte hoch, so gut sie konnte,
da hatte sich das Spiel gewendet.
Die Linde ward vom Weiß geblendet.
Der Herbststurm kam dies Jahr recht spät,
hat alle Blätter fortgeweht.
Die Linde aber schien nun kaum
der wahre Traum von einem Baum.

Nun blieb ihr nur die kahle Krone.
Die Anemone schert‘s die Bohne.
Doch insgeheim litt die auch Kummer
um diesen Goldbaum, so ein Dummer,
um den Verlust von all dem Schönen.
Sie wollte sich mit ihm versöhnen,
im Frühjahr wieder mit ihm blühen,
gemeinsam sich um Flor bemühen.
Und wahrhaft, ohne jedes Zagen,
mit ihm am Ende sich vertragen.

Ein Lob der Schwiegermutter

Wenn eine Heirat ist in Butter,
dann freut das auch die Schwiegermutter.
Denn nun kann sie zuerst von fern
beraten, helfen herzlich gern.
Will weder stören noch erscheinen
und sich mit ihren „Kindern“ einen.

Das hört zunächst sich bestens an,
doch damit ist es nicht getan.
Bald rückt persönlich sie heran
als steter Gast mit Speiseplan.
Die Küche wird ihr Arbeitsfeld.
Ihr Platz im eignen Heim entfällt.

Sie ist und fühlt sich unentbehrlich.
Ihr neues Amt bleibt unerklärlich.
Hat sie das junge Paar entmündigt,
wird ihr von diesem bald gekündigt.
Selbst wenn‘s den Kindern nicht so scheint,
sie hat es ja nur gut gemeint.

Ins Leben mischt sich Manches ein,
kann Schaden für Gesundheit sein.
Ob Schwangerschaft, ob Infektion --
die Schwieg, sie eilt, da ist sie schon!
Sie ordnet alles, selbst die Reste:
Die Schwiegermutter ist die Beste!

Klavierkonzert

Zu den Klängen einer Violine
übten einst zwei Mandarine
eine wunderbare Sonatine
der begabten Rosaline
aus der großen Ukraine
mit erschütternd ernster Miene.

Diesem wirklich furiosen Spiele,
ganz in herrschaftlichem Stile,
lauschten ungeheuer viele
Pianisten mit dem Ziele,
auszuwandern in Exile,
wo mehr Ruhm auf sie entfiele.

Klang das Stück nicht eben heiter,
entwickelte es sich immer weiter,
bis zum Fiasko ohne Bangen
fast alle Saiten laut zersprangen.
Die Spieler waren es zufrieden.
Mit einem letzten Knall sie schieden.

Hervorgehoben durch das Krachen,
bog sich das Publikum vor Lachen,
zu bester Laune aufgeweckt
durch einen simplen Knalleffekt.
Das Instrument jedoch war Schutt.
Solch Frohsinn macht den Frust kaputt.

Sarastros Arie

In der Oper heil‘gen Hallen
sich nie die krummen Fäuste ballen.
Man wartet auf die Melodien,
die wunderbar durchs Ohr uns ziehen.

Wie Sarastro ziemt‘s den Bässen
mit Mozarts Kunst sich gut zu messen,
wenn sie mit ihren tiefen Stimmen
der Töne Leiter fest erklimmen.

Wird die Oktave dann gesungen,
ist auch die Arie voll gelungen.
Und das geschieht trotz aller Schwere
zu Mozarts und der Sänger Ehre.

Corona-Marsch!

Wenn Zweie eng zusammen hocken
oder Stunden miteinander rocken,
läuten bald die Hochzeitsglocken.
Doch wenn Blumen streut die Flora,
streut sie öfter auch Corona.

Diese Krankheit, fix geleitet,
hat sich weltweit ausgebreitet,
und kaum jemand kann sich schützen
und damit auch andren nützen.

Wer auch nur vor Schreck erbleicht,
hat es damit gut erreicht,
dass sein Leben nicht gewichen
und er noch nicht ist verblichen
und sein Name ausgestrichen.

Wenn Corona überwunden,
alle Kranken schnell gesunden,
haben wieder Mut gefunden,
freuen sich geschenkten Lebens.
Corona aber krankt vergebens.

Wenn jemand aus der Haut fährt

Noch einmal richtig hingeschaut:
Des Körpers Mantel ist die Haut.
Sie hält den Menschen fest zusammen,
die Knochen, Muskeln, selbst die strammen.

Auf seiner faulen Haut zu liegen,
bedeutet, wenig Lob zu kriegen.
In eines and'ren Haut zu stecken,
das könnte jeden kurz erschrecken.

Wer eine dicke Haut sich schafft,
der strotzt auch so vor eigner Kraft.
Wenn diese sollte ruh'n in Ketten,
gilt es, die eigne Haut zu retten.

Wenn etwas unter diese geht,
ist es fürs Handeln nicht zu spät.
Dann wird man sich des Drangs bewusst
und trennt sich von dem Frust mit Lust.

Ist jemand aus der Haut gefahren,
so wird er wieder reingefahren
und fühlt sich wohler als zuvor
dank einer Prise von Humor.

Launiger Humor

Ein armer Mann kramt bald hervor
den kleinen Rest noch von Humor,
auf den er sich von Herzen stützt,
weil der nichts kostet und viel nützt.

Humor ward ihm ja mitgegeben,
so lebt er nun umsonst sein Leben.
Den Tag verbringt er nur noch heiter.
Das Leben geht so immer weiter.

Bis hungrig er verlässt die Erden.
Denn wo nichts ist, kann auch nichts werden.
Humor, nur vor sich hingedöst,
hat sich klammheimlich aufgelöst.

Nun weilt der arme Mann im Himmel
inmitten vielen Volks Gewimmel.
Das Manna wurde ihm gereicht.
Da ward sein Geist schon wieder leicht.

Er lachte über sich ganz froh
sein Witz tut das nun ebenso.

Verpasster Wohlstand

Seit Jahren zeigte es sich schon:
Die Wirtschaft blüht in Perfektion.
Da können sich ja wohl die meisten
von diesem Fortschritt etwas leisten.
Ob Häuschen, Reisen oder Zaster,
lebt es sich flott auch ohne Laster.

Doch hat man Schulden aufgeladen,
geht aller Aufschwung schon bald baden.
Denn ehe man sich hat befreit,
herrscht nun die krasse Wirklichkeit.

Wo Mittel nicht mehr sind vorhanden,
weil Reichtümer sehr schnell versanden,
kann man sich kaum ins Fäustchen lachen,
sich eher in die Hose machen.
Denn hinter jedem guten Lohn
da lauert schon die Inflation.

Wohl immer teurer wird das Leben.
Das hat es schon einmal gegeben.
Wer deshalb schuftet reichlich schwer,
kommt kaum den Preisen hinterher.
Erinnert sich bei all den Pleiten
an ehemalig bess‘re Zeiten.

Wer weiter hofft und bleibt bescheiden,
der muss sein Manko nicht erleiden.
Das sind, nur kurz in aller Dichte,
die beiden Seiten der Geschichte.

Das hohe Lied der Politik

Man spricht nicht über Niederlagen,
die mit dem Ruhm sich nicht vertragen.
Schulden sind nicht nur zu dulden,
zeugen von den ärgsten Mulden,
nämlich in der Staatskassette,
die ein Plus so gerne hätte.

In der Kasse gähnt die Leere,
die kaum zu bestücken wäre.
Also scheint jedwede Steuer
für den Bürger ungeheuer.
Alles wird nochmal so teuer.
Die Regierung pfeift ja noch
vor dem Aus auf letztem Loch.

Woher bloß die Summen nehmen,
die bald Volk und Wirtschaft lähmen?
Sechs mal zehn und noch neun Nullen
können nicht in Schlaf einlullen.
Staatsraison nun scharf gebietet:
Ein „Weiter so“ sich da verbietet.

Der Quittung allerletzte Zahl:
Wir haben nun die Qual der Wahl.
Ein ganzes Heer von Spezialisten,
Hirnakrobaten aller Listen,
sie machen Nächte sich zu Tagen,
um abzuschaffen solche Plagen.

Statt untätig die Faust zu ballen,
heißt's nun, den Gürtel enger schnallen.
Es lohnt nicht, aus der Haut zu fahren.
Das oberste Gebot heißt sparen.
Womöglich, dass noch mal der Enkel
zufrieden klopft sich auf den Schenkel,
weil endlich ist das Loch gestopft
und Wohlstand wieder eingetopft.

Der Knoten im Haar

Ein junger Mann, noch nicht erfahren,
gefällt sich selbst mit langen Haaren.
Er lässt die Pracht nun prächtig wallen
und bis herab zur Schulter fallen.
Um sie zu glätten in der Frühe,
das kostet ihn schon große Mühe.

Doch bald erfindet schlau die Mode
die wirkungsvollste Episode.
Gebändigt, was ja nicht verboten,
trägt „Mann" am Kopf nun einen Knoten,
und will damit sich glatt ersparen
das Geld für den Friseur in Jahren.

Doch wenn sich lichtet einst der Scheitel,
bleibt solch ein Mann auch anders eitel,
begibt sich zum Friseur der Wahl
und lässt sich scheren völlig kahl.
Nach dem Genuss von neun, zehn Tröpfchen,
da zeigt sich nun sein schlaues Köpfchen.

Der Schädel blank und hoch die Stirne,
beweist er Klugheit in der Birne
und des weiteren Geschick:
Denn nun macht er die Politik.
Er kann jetzt ohne Knoten dösen,
hat ja ganz andere zu lösen.

Ohne Haare, ohne Leiden,
wird schließlich er ein Amt bekleiden.
Mit hellem Kopf und ohne Knoten,
kann man sein Urteil gut benoten.

Alt werden in Zuversicht

Das Alter scheint das höchste Los,
doch leider ist nun gar nichts los.
Im Heim sind viele alte Leute
der Heimbetreiber sichre Beute.

Man hat im Leben ausgesorgt,
nichts mehr an Geld sich ausgeborgt
und trifft sich viermal an der Zahl
zu Mahlzeiten im Speisesaal.

Man grüßt sich artig: „Bis nachher."
Denn das scheint allen nicht zu schwer.
Solch Rede fällt nicht ins Gewicht,
denn alles „Nachher" gibt es nicht.
So zieht man sich aus der Affäre,
denn vor der Zukunft gähnt die Leere.

Man bleibt auf Weiteres gefasst
und fällt den Kindern nicht zur Last.
Wer dann das Ende hat erreicht,
verlässt die Erde eher leicht.

Wie lieb ist doch die Frau, der Mann,
zu scheiden einmal irgendwann!
Wie gut hat es der Herr gegeben!
Denn jetzt harrt ihrer: „Ewig Leben".

Langschläfer

Wer ständig macht die Nacht zum Tage,
erleidet später einmal eine Plage.
Denn wenn er bis zum Abend träumt,
das wahre Leben er versäumt
mit allen seinen Höhen, Tiefen,
die nach mehr Tatendrang ihn riefen.

Ist ihm das Arbeiten zu schade,
betritt er möglichst neue Pfade,
lässt andere statt seiner
die Arbeit tun wie sonst noch keiner.
Er will ja nur darüber staunen,
wie die befolgen seine Launen.

Doch wie ein jeder sicher weiß:
Das Faulsein hat auch seinen Preis.
Wer sich vor Tagesarbeit drückt,
dem Stolz und Wohlgefühl nicht glückt.
Am Ende wird ihn Faulheit reuen.
Ein Lob kann niemals ihn erfreuen.

Erholsamer Schlaf

Für Feste des Lebens,
und wohl nie vergebens,
erholsam und nichtig,
auch richtig und wichtig
und niemandes Straf'
ist nächtens der Schlaf.

Der niemals versäume,
für weitere Räume
zu binden die Träume,
in denen ich traf,
ganz folgsam und brav,
ein friedliches Schaf.

Das meckerte kläglich,
weil es tagtäglich
verliebt war unsäglich
zum eignen Gemütsschock
grad in einen Schafbock
mit rot-braunem Schlafrock.

Vor Liebe gespeichelt,
hat der es gestreichelt,
was ihm hat geschmeichelt.
Da konnten die beiden
sich inniglich leiden,
um niemals zu scheiden.

Innen und außen

Es ziemt dem Knaben, noch so klein,
dereinst einmal ein Mann zu sein.
Aus einem Mann, so weiß der Kenner,
macht dann die Mehrzahl sprachlich Männer.
Rein grammatikalisch, wohl zu Recht,
herrscht vor das männliche Geschlecht.

Für sprachlich weiblich neue Zonen
gilt, sie auch deutlich zu betonen
Was machen alte Tänzer:innen,
bevor sie gehen noch von hinnen,
wenn sie auch sinnen und gewinnen
die Einsicht über alte Minnen?

Sie sehn die Dinge nun von außen,
vielleicht sogar auch nur von draußen,
entfernt von Publikum und Ruhm,
von Honorar und Eigentum.
Da fügen sie sich denn bescheiden,
um Armut erst nicht zu erleiden.

Die Tänzer:in, die Künstler:in
gelangen zur Legende hin.
Denn wo Erinnerungen walten,
wird auch ihr Name festgehalten,
ihr Schicksal nicht, das lächelt kaum.
Von Schönheit einst bleibt nur ein Traum.

Über das Grüßen

Wünscht man jemandem „Guten Tag“,
weiß man auch nicht, ob er das mag.
Wenn der quittiert den Gruß mit Schweigen,
will er damit kaum Achtung zeigen.
Der andre ist ihm ganz egal,
dess‘ Schicksal erst, wenn noch so schal.

Vielleicht ist er auch nur bequem
und muffelt lieber angenehm.
Wer höflich ist, wird wieder grüßen,
um nicht mit Einsamkeit zu büßen,
bisweilen auch Gespräche führen.
Denn Grüßen öffnet manche Türen.

Es ist ja nicht so schwer, zu sprechen,
nicht andere zu unterbrechen.
Geübt will auch das Zuhör‘n sein.
Dann ist man auch nicht mehr allein.

Die große Politik

In einem großen Land im Osten,
wo steh'n an jeder Ecke Posten,
hat sich ein Machtmensch aufgebläht
und eine Jugend hin gemäht,
will Nachbarn sich gern einverleiben
und sich dann stolz die Hände reiben.

Dies dürfte ihm nicht leicht gelingen,
wenn die ums Überleben ringen.
Er will den ganzen Kontinent,
wobei er seine Macht verkennt.
Da mag er noch so gehn zu Werke.
Gemeinsamkeit ist ihre Stärke.

Warum, im Falle eines Falles,
da fragt man sich, wozu das alles?
Bei Eitelkeit und Höhenflug --
ist ihm sein Land denn nicht genug?
Bei allen herrschaftlichen Riten,
was hätte er denn sonst zu bieten?

Dem Machtmensch fehlt es an Kultur,
wenn er sich irrig zeigt so stur.
Er setzt sich gleich mit Menschenfressern
und kann die Welt doch nicht verbessern.
Und was er gern hätt aufgezehrt,
hat sich Jahrhunderte bewährt.

So bleibt er denn ein kleiner Wicht,
denn das wird ihm gelingen nicht.

Von Macht und Einsicht

Was eignet Männern, eignet Frauen,
wenn sie aus Kinderaugen schauen?
Ob stolzer Knabe, liebes Mädchen,
sie spielen mit dem Kaufmannslädchen,
erobern spielend sich die Welt,
die beide auch zusammenhält.

Ein junger Mann voll Mut und Kraft
zunächst sich eine Position erschafft.
Weil sein Verstand sich hat entfacht,
baut er sie aus bis hin zur Macht.
Zu herrschen ist sein liebstes Ziel,
selbst wenn nur wenig, ist's schon viel.

Ein junges Mädchen geht auf Suche
nicht nur nach passendem Berufe.
Es lässt sich liebend gerne finden,
um fest sich an den Herrn zu binden.
Als Mutter und als Ehefrau
herrscht sie im Hause sehr genau.

So herrscht ein jeder laut und leise
und immer auf die eigne Weise.
Wenn er sagt Ja und sie sagt Nein,
dann wird es wohl sein letztes sein.
Wenn er sagt Nein und sie sagt Ja,
herrscht Einigkeit und Hopsassa.

Über das Vergessen

Blau blüht am Wegrand, kaum in Sicht
das Blümchen zart Vergissmeinnicht.
Erinnert, dass selbst Kleinigkeiten
Beachtung innewohnt und Weiten,
wie sie der Fantasie gegeben,
die uns begleiten durch das Leben.

Vergessen sind meist kleine Taten
und in Vergessenheit geraten.
Ob Kindheit, Uni oder Lehre,
Familienglück und Karriere --
Ereignisse jedoch, die großen,
Jahrhunderte auf Achtung stoßen,
zu danken der Natur und Männern,
den wahren Macht- und Forschungskennern.

Was gestern konnte noch uns freuen,
wir manchmal heute schon bereuen.
Gedächtnis nur für kurze Zeit –
Erinnern für die Ewigkeit.
Bis wir uns schließlich selbst vergessen,
das kann und soll kein Mensch ermessen.

Die Künstler aber, wie bestellt,
sie leben in der eignen Welt,
verfügen über Geistesgaben,
wie sie nur die Erwählten haben
und warten hoffend mit Genuss
auf ihrer Muse zarten Kuss.

Plötzlich verschwunden

Die nette Jette
liegt im Bette,
weil die Wette
um die Kette
mit Kassette
von Annette
ging ganz plötzlich doch verloren.
Denn ein Lette,
nach der Mette
an der Stätte,
der die fette Kette
samt Kassette
auch gern hätte
und sie rette,
hat sie schnell für sich erkoren.

Helle Geister,
Sprachenmeister,
dürfen an der Kette basteln
oder sich auch nur verhaspeln.

Durch die Brille gesehen

Ein kleines Kind blickt um sich munter,
denn seine Welt wird täglich bunter.
Herangereift zum Mann, zur Frau,
kennt es die Welt schon recht genau.
Doch langsam finden sich Beschwerden
ein, die immer größer werden.

Denn eines Tages wolln die Augen
nicht mehr, wie einst, zum Lesen taugen.
Egal, ob Lust, ob kleinster Wille:
Der Mensch braucht jetzt die erste Brille.
Sogar der brave Osterhase
trägt einen Zwicker auf der Nase.

Um dieses Leichtgestell zu nutzen,
muss man die Brille täglich putzen.
Hat man sie eben mal vergessen
und wurde deshalb ziemlich blind,
wie Kurzsichtige nun einmal sind,
Ist man auf bessre Sicht versessen.

Und geht die Brille gar entzwei,
so mag das sein doch einerlei,
denn man besitzt ja deren drei.
Für Weitsicht, Klarsicht, Nachsicht eine,
für Rücksicht aber manchmal keine.
So sieht ein jeder stets das Seine.

Höhenflug

Ein jeder Körper hat ja, so man schätze,
stets seine eigenen Gesetze.
Mal zwackt es hinten, zwickt es vorne,
was man verspürt in hellem Zorne
und also greift nach jeder Kur
der Ärzte und auch der Natur.

Wenn die Gelenke hörbar knacken,
der Blutdruck und die Sinne sacken,
man nichts mehr hört und nichts mehr sieht,
dann spät ein Wunder auch geschieht.
Man fühlt sich sanft emporgehoben,
nach oben, wie Pastoren loben.

Dort, wo die Alten wieder springen
und endlich wieder lauthals singen
in einem stimmlich reinen Chor,
schaut Petrus spitzbübisch hervor
und leiht Bass, Bariton, Tenor
sein willig gut gestimmtes Ohr,

lauscht auch bezaubert dem Sopran,
stimmt gar voll ein gleich mit Elan.
Vornehmlich sehr viel weiter drunten,
wo Farben wechseln zu den bunten,
verweht ein leichter Wind die Spur
von ehmals menschlicher Natur.

Das Fest der Feste

Das Weihnachtsfest ist nun vorbei
und damit auch die Schenkerei.
Geschenke gab es ohne Ende,
doch nun folgt bald die klare Wende.
Man hat die Wirtschaft unterstützt,
doch für sich selbst hat's nichts genützt.

Statt an das Schenken nur zu denken,
soll man die Blicke lieber lenken
aufs Konto und das Börsensäckel,
wo offen steht und weit der Deckel.
Dort herrscht ja leider arge Leere,
und hofft, dass Fülle wiederkehre.

Es heißt jetzt tapfer: „Schaffe, schaffe!"
Damit die Lücke nicht mehr klaffe.
Das nächste Schenkefest gesichtet:
Die Gabenliste wird vernichtet.
Solln in die Röhre schaun die meisten ...
Man wird sich endlich selbst was leisten.

Verstecktes Geheimnis

Wer etwas möchte klug verstecken,
verstaut es in geheimen Ecken,
damit es niemand schließlich findet
und ihm das auf die Nase bindet.
Und wurde dennoch es entdeckt,
hat das dem Finder schlecht geschmeckt.

Der hat demnach genau erfahren,
was selbst er wollte gern bewahren.
Nun liegt ja offen und zu Tage
die höchst geheime Geisteslage
von ihm selbst, dem Neunmalklugen.
Da kracht‘s bei ihm in allen Fugen.

Wer seine Nase steckt in Dinge,
wenn‘s um geheime Sachen ginge,
die er viel besser weiß als alle andern,
muss sich nicht wundern, wenn sie wandern.
Nun kennen alle das Geheimnis,
das offen liegt und allgemein ist.

Nun weiß ein jeder, dass er lieber
noch klüger ist als so ein Sieger.
Dann kann man dem auch übelnehmen,
dass er lässt andere für sich bequemen
mit Fleiß und ohne jede Rache. ---
Die Findigkeit ist so ‘ne Sache.

Über die Neugier

Die Neugierde ist eine Zier,
denn weiter kommt man auch mit ihr.
Im Fortschritt von den ersten Jahren
wir reichlich Neuigkeit erfahren.
Die Schule lehrt uns, früh zu denken
und auch Gedanken klug zu lenken.

Wenn einer stets nur heimlich tut,
dann fragt man sich, ob er auch ruht.
Geht es ihm gut? Geht es ihm schlecht?
Kommt er in dem Beruf zurecht?
Man möchte ja so gerne wissen,
was denn sein Schweigen lässt vermissen.

Das ist der Neugier bloßes Ziel.
Dem Heimlichtuer wird‘s zu viel.
Weil er sich selbst verwalten kann,
geht Wissen niemand etwas an.
Was ihn bewegt, weiß er allein –
hier ist er Mensch, hier darf er‘s sein.

Die Nervensäge

Menschen gibt es, die, nicht träge,
erweisen sich als Nervensäge.
Oft unverdrossen und mit Lust,
was ist den meisten nicht bewusst.
Sie sprechen gerne laut und lange
nur von sich selbst und ohne Bange.

Genauer Mittelpunkt von ihrer Welt,
man sie für recht entbehrlich hält.
Sie sind des Egos feste Beute
und schern sich nicht um andre Leute.
Getragen von der Ich-Sucht Woge,
sind sie verliebt in Monologe.

Um nicht an ihnen mit zu leiden,
die Zuhörer sie lieber meiden.
Denn zum Gespräch gereichen zwei
und tragen zum Verständnis bei.
Man kennt den anderen schon eher
Und fühlt sich ihm dann immer näher.

Jagd nach mehr

Über Nacht ganz still und leise
haben sich erhöht die Preise.
Die Gier der Menschen hat zum Lohn,
jedwede Last und Inflation.
Was gestern man sich konnte leisten,
ist heut unmöglich für die meisten.

Der Bewohner in den Heimen
kann sich einen Vers drauf reimen:
Selbst das kleinste Fingerrühren
kostet neuerdings Gebühren.

Banken sitzen unumwunden
auf den Konten ihrer Kunden.
In der Küche gibt es – zack! –
für die Pfanne rohes Hack.
Von Körperteilen abgespannt,
in Französisch umgenannt,
gelobt wohl übern grünen Klee,
wird es serviert als Frikassee.

Wenn Menschen nach dem Gelde hasten,
sie irgendwann mal müssen fasten.
Auf der Jagd nach immer mehr
gibt der Euro nicht mehr her.
Verlierer hat es immer reichlich
und Gewinner unvergleichlich.

Das neue Motto heißt nun sparen,
damit vielleicht einmal in Jahren
sich gelohnt hat alles Schuften,
um zu schließen solche Kluften.
Bescheidenheit wird immer nützen
und die Wohlgefühle stützen.

Der Trost des Alters

Die Jugendschönheit erst verblüht --
sich jede Frau zunächst bemüht,
die reife Schönheit zu erhalten,
was lässt Verstand und Kleingeld walten.

Sie überlegt, was könnte nützen,
vorm Älterwerden sich zu schützen.
Da wären Kuren und Tinkturen,
zu tilgen rasch der Falten Spuren.

Wenn die Haut beginnt zu welken,
hilft kein Bad in frischen Nelken.
Ohne sich was vorzulügen,
muss man sich ins Alter fügen.

Es altert schließlich auch der Mann,
der dafür ebenfalls nichts kann.
So fügen sich die zwei Geschlechter
in ihr Schicksal, was gerechter.

An des langen Lebens Rande,
ist alt zu werden keine Schande.
Zu knacken fröhlich diese Nuss,
ist mit Humor der Weisheit Schluss.

Gut über neunzig

Wer kann die Neunzig überleben,
dem wird die längste Zeit gegeben.
Da gab es Freude und auch Leiden --
am Ende bleibt man sehr bescheiden
und zählt zuletzt kaum noch die Zahlen
von all den vielen Zeitquartalen.

Doch nähert man sich gar den Hundert
hat das die Freunde groß gewundert.
Die Jubilarin und der Jubilar
sie freuen sich, der Skepsis bar.
Denn jedes Jahr zu ihrem Feste
erscheinen die geliebten Gäste.

Und wenn man feiert erst gemeinsam,
fühlt niemand mehr sich selbst so einsam.
Denn zu den allerfeinsten Tropfen
darf man sich voll mit Speisen stopfen,
des hohen Festtags hoher Lohn.
Dazu macht die Musik den Ton.

Das friedlich lange, schöne Leben
hat uns zu meistern aufgegeben,
von guter Absicht nur das Beste.
Jedwede Launen bleiben Reste.
Wie Kinder staunen noch einmal ...
Das Alter: mehr als eine Zahl.

Lohn der Faulheit

Wer fleißig war sein ganzes Leben,
dem wird Gewissheit angegeben,
bevor der Tod ihn hat entleibt,
dass etwas für die Erben bleibt.

Als Rentner hat er nie ermessen,
dass Steuerpflicht er hat besessen.
Er sieht sich arg in der Bedrängnis,
womöglich auch im Staatsgefängnis.

Wer sich jedoch sein ganzes Leben
der schönen Faulheit hat ergeben,
bis alle Schulden bleiben offen,
kann nicht auf Mitgefühle hoffen.

Am wenigsten von Vater Staat.
Da haben wir schon den Salat!
Der deckt sich ein mit fetter Steuer
und Steuerzahler sind ihm teuer.

Selbst wenn die Haushaltskasse leer,
schert das den Staat nicht eben sehr.
Dann holt er sich in kleinen Scherben
die Steuerschuld schlicht von den Erben.

Meldungen vom Wetterhahn

Wer stets nur etwas weiß vom Wetter,
hat vor dem Kopf gleich mehrfach Bretter.
Die scheinen oft verschieden dick
zu des Erzählers wahrem Glück.
Ob Regen, Sturm, ob Sonnenschein --
das Wetter flößt das Thema ein

Und hat man über eine Stunde
sich darob ausgelassen in der Runde,
dann weiß ein jeder ganz genau,
wie's Klima in der Wetterau.

Nun alle fast vor Nachricht bebten,
wie sie die Wetterlaunen je erlebten,
bis sie, der Langeweile angesichts,
nicht viel mehr wissen als das Nichts.

Anatomie des Sparens

Die Politik liegt sich in Haaren,
denn noch immer, noch in Jahren,
heißt es: sparen, sparen, sparen!
In Geschäften, so nun höre,
schaun Verkäufer in die Röhre.

Nicht anders geht es den Grossisten.
Die müssen den Bestand ausmisten.
In den Küchen feiern Reste
noch das Beste für die Gäste.

In den feinen Gastwirtschaften
muss die Preise man verkraften.
Auf der Speisekarte neuer
sind sie unverhältnismäßig teuer.

Geht man ohne viel Geschwafel
hungrig von der Gästetafel.
Einen Vorteil gibt es immer:
Denn so wird man wieder dünner.

Ach, du liebe Zeit!

Die Zeit umgibt uns wie ein Mantel,
wiegt manchmal schwer wie eine Hantel,
auch manchmal leicht wie nur ein Falter,
zu fühlen je in welchem Alter.

Die Zeit scheint kurz, dann wieder lang
von Jugend bis zum Abgesang.
„Gleich“ ist meist in aller Kürze
langen Wartens fade Würze.

Mal dehnt sie sich schier ohne Ende,
ob mit und ohne Zeitenwende,
was sie nicht mag, ist Drängelei,
auch Ungeduld und Gängelei.

Doch überrascht sie mit „sofort“,
heißt das sogleich und hier am Ort!
Und bist vor Wut du nicht gestorben,
hast du den Langmut dir erworben.

Du wirst geduldig wie ein Schäfchen
und legst dich hin zu einem Schläfchen.
Und bist du wieder aufgewacht,
hat dich die Zeit auch klug gemacht.

Ihr Mantel hat dich gut beschützt
und richtigem Entschluss genützt.

Aus für die Inflation

Man hat sie kommen sehen schon,
im Eiltempo, die Inflation.
Jeden Tag wird immer neuer
jedes Teil noch mal so teuer.

Was man angehäuft in Jahren,
um fürs Alter es zu sparen,
ging ganz einfach über Bord
und beinah schon zur Hälfte fort.

Selbst die Preise, die gediegen,
sind um etliches gestiegen.
Wenn sich alte Balken biegen,
kommt der Wohlstand zum Erliegen.

Ob man möchte solches wenden,
steht man da mit leeren Händen,
ruft zuletzt nach Vater Staat.
Ach, da hat man den Salat!

Denn auch der ist knapp bei Kasse,
schlingert durch manch hohle Gasse.
Bleibt dem Bürger nur zu hoffen,
dass die öffentliche Hand noch offen.

Wer will sich schon als Armer sehen,
beim Sozialamt betteln gehen?
Also bleibt man still zu Haus,
und sitzt die ganze Schose aus.

Prost Ex!

Um seine Sorgen einzudämmen,
mit Alkohol sie fortzuschwemmen,
trinkt mancher gern drei Gläschen Wein
und lässt sich's damit wohler sein.

Mit drei, vier Bechern Alkohol
fühlt er sich dann auch doppelt wohl,
genießt nun erst das bessre Leben.
Und Sorgen hat es nie gegeben.

Er kann nur über solche lachen
und über sie sich lustig machen.
Singt: „Wein, Wein, nur du allein
sollst das Getränk meiner Träume sein."

Im Heidelberger „Schnookeloch"
berauscht sich „eemal in de Woch"
so manch Student total jedoch
und findet das auch lustig noch.

Aus Österreich, da macht ein Kärntner
im Suff aus einem Bock den Gärtner.
Dem Studi scheint der Bock ein Eber.
Recht schöne Grüße von der Leber!

Die Festung, sprachlich eine Feste

Die Festung, sprachlich eine Feste,
ist für Verteidigung das Beste.
Im Mittelalter diente sie
der Sicherheit und schiente die.

Wo heute die Attacken lauern,
da möchte man sich fest ummauern,
in sich‘rer Ecke überdauern,
jedoch beileibe nicht versauern.

Man blickt sich um mit wachem Auge
und prüft, wer für Vertrauen tauge.
Das scheint nicht leicht, ja, eher schwer –
so bleibt man einsam wie bisher.

Doch hat ihn Liebe angeschaut,
da ward sein Frösteln aufgetaut
und seine Festung abgebaut.
Nun geben andere sanft Ruh,
denn jetzt gehört er mit dazu.

Rosa und Grau

Aus einem neuen Bilderrahmen
da lächeln froh sechs alte Damen,
ob nun in Rosa oder Grau,
die einzige sogar in Blau.
Erhoben kaum vom Kanapee,
ihr Ziel: Das beste Stadtcafé.

Rasch aufgebrochen sind die Damen
schon mittags, ohne zu erlahmen,
um den berühmten Apfelkuchen
im Kaffeehause zu versuchen,
ob der wohl wäre zu empfehlen
oder ihn auch nicht zu wählen.

Im Café sitzen, schau nur, schau,
sechs Damen eben dort genau
und auch in Rosa oder Grau,
die einzige sogar in Blau.
Sie lassen sich beim Lippenlecken
den Apfelkuchen bestens schmecken.

Genau an eben dieser Stelle:
Duplizität genannter Fälle.
Im Alter wird man ja bescheiden
und will die Frau nicht Schmach erleiden.
Drum kleidet sie sich lieber munter
in Grau und Rosa etwas bunter.

Im Café sitzt auch, ach, du Schreck,
ein Weib in Lila dort am Eck
des Nachbartisches, schon bestellt.
Egal, das kostet nicht die Welt.
Solch Farbe steht ja im Geruch,
zu sein der letzte Flirtversuch.

Nun gilt es bei den Zwölfen allen,
dass sie nicht auf den Mund gefallen
und es auch passend nur zu heißen,
die Farbe Lila fort zu beißen.
Die Störerin weicht schnell sodann --
es kommt ja leider eh kein Mann.

Doppel der Mode

Wer ward als Mädchen erst geboren,
hat an Bedeutung schon verloren.
Entwickelt es sich schön und schlau,
wird daraus eine Ehefrau.

Doch wie es Brauch in vielen Ländern,
muss sie nun ihren Namen ändern.
Gezogen in ihr Schicksal dann,
heißt sie jetzt folglich wie der Mann.

Wer ward als Knabe erst geboren,
ist schon vom Schicksal auserkoren.
Er gilt nicht nur als Namensträger,
erwünscht auch als Karriere-Jäger.

Die Ehefrau, kaum oben Ohne,
folgt nun der Mode als Ikone.
Sie kleidet sich so gut wie teuer,
schick in Modelle immer neuer.

Sieht sie bei andrer Frau nun mal
ihr Kleidungsstück zum zweiten Mal,
gereicht ihr das zu argem Unmut,
weil sie das findet schließlich ungut.

Sie wechselt heimlich und in Eile
die ärgerlich erspähten Teile
und gibt sich wieder selbstbetont,
die Konkurrentin nicht geschont.

Die fühlt sich ja nun abgekoppelt,
weil ihr Geschmack erwiesen doppelt.
Das Gleiche zieht die nicht mehr an –
dem Frieden ist genug getan.

Bei jeglich anderer Erscheinung
bleibt jeder erst bei seiner Meinung.
Die ändert sich bei klarer Einsicht
und leistet Vorschub kluger Weitsicht.

Lücken füllen

In jedweden Banken
Gedanken stets schwanken,
ohne zu zanken.
Denn fleißig sie ranken,
weil‘s Säckel fast leer,
fast immer um mehr,
was kümmert sie sehr.

Wenn Ebbe herrscht, oh je, oh weh,
in jedem eignen Portemonnaie,
gilt es, die Lücken fest zu schließen,
was niemand würde je verdrießen.

Es ist doch einer Bank Geschäft,
zu halten in der Hand das Heft.
Sie lebt ja ohne Zorn und Grinsen
von andrer Schulden nebst den Zinsen.

So freuen sich die Bank und Kunden,
wenn Einigkeit ward schnell gefunden.
Die Lücken, sich von selbst gefüllt,
und aller Kummer ist gestillt.

Der Kunde eilt nun rasch nach Haus
und gibt das ganze Geld auch aus.

Ziel des Lebens

Hast du erreicht das Alter dreißig,
erfolgte das, weil du warst fleißig.
Zählst du dann gar an Jahren vierzig,
zeigt sich Erfahrung reich und würzig.
Noch besser wird es, richtig zünftig,
wenn du erlebst die fünfundfünfzig.

Du lässt die Jugend dann zurück,
um fortzuschreiten Stück für Stück
in eine Zukunft immer weiter,
die winkt dir zu gelassen heiter,
bis dann erreicht, was dir gegeben:
Was bleibt, ist auch ein Ziel im Leben.

Architektur des Alters

Wer alt wird, hat ein Los gezogen,
die Jahre türmen sich zu einem Bogen,
bis der erreicht hat Schritt für Schritt
den jeweils möglichen Zenit.
Und zeigte er am Anfang aufwärts,
so senkt er sich am Ende abwärts.

Ein Knabe in den Flegeljahren
erweist mit achtzig sich erfahren.
Der Alten steht der Mund nicht still,
wenn sie nicht weiß mehr, was sie will.
Sie hat nach einem langen Leben
für andere sich aufgegeben.

Unbestechlich und gerechter
eint das Alter die Geschlechter.
Jeder soll nun mal auf Erden
nach eignem Gusto selig werden,
bis nach ihrer Lebensreise
sie fügen sich ins Schicksal weise.

Tiere, Pflanzen, selbst die Steine,
altern langsam von alleine.
Deren sind nach Anzahl viele.
Niemand fragt nach ihrem Ziele.
Gut überlegt, der Falschheit ohne,
der Mensch -- er ist der Schöpfung Krone.

Der Lauf des Lebens

Was dereinst wohl zu loben ist,
wenn unser Kopf noch oben ist,
im Sonnenschein, wenn gehn die Beine
selbst mühsam, aber noch alleine.

Kommt da auch aus den tiefsten Tiefen
Erinnerung, wie wir sie riefen.
Momente aus den Kindertagen
nun wieder ins Bewusstsein ragen.

Bewegte man doch seine Glieder
so hin und her und immer wieder.
Nun stellt sich Altersruhe ein
und gilt es, endlich still zu sein.

Noch einmal ist in einem Bogen
das Leben bunt vorbeigezogen.
Erinnerung hat ihren Preis.
So schließt sich der Gedanken Kreis.

Das letzte Tor steht immer offen.
Wenn es sich schließt, bleibt nur zu hoffen,
nachdem das Leben gut geartet,
dass uns ein anderes erwartet.

Frauen unter sich

Wenn einig unter sich sind Frauen,
können sie einander trauen.
Doch kommt hinzu dann eine Neue,
denkt keine, dass sie dies auch freue.

Die wird der Prüfung unterzogen,
ob sie für passend wird erwogen.
Vielleicht wird sie auch unumwunden
für arrogant und kühl empfunden.

Ist sie auch freundlich, sogar nett,
macht das ihr scheues Wesen wett.
Setzt die sich aber gleich in Szene
mit ihrer aufgestockten Mähne,

da steckt die Köpfe man zusammen,
um Ungewissheit zu verdammen.
Denn Hochmut kommt ja vor dem Falle.
Der Meinung sind die Damen alle.

Denkt die, was Besseres zu sein,
bleibt sie die längste Zeit allein.
In Vielem wird sie dann missbilligt
und ihr Beachtung nicht bewilligt.

Die Neue kümmert sich nicht drum
und nimmt das Rätseln auch nicht krumm.
Und was auch immer man ermisst:
Sie zeigt ganz einfach, wer sie ist.

Der Rede Seligkeit

Wer immer spricht in einem fort,
hat meistens auch das letzte Wort.
Er nimmt sich selber eben wichtig,
und was er sagt, erscheint ihm richtig.

Ein solcher Redner sucht sich heute
ein Gegenüber oder stumme Leute.
Denn wer ihm bietet Widerpart,
hat seine Meinung eigner Art.

Da kommen zwei, und das nicht weit,
in einen regelrechten Streit.
Ein Jeder setzt sich in die Nesseln,
was kann das Publikum kaum fesseln.

Denn das Gespräch wird immer lauter,
die Stimmung ebenfalls nicht trauter.
Die Kontrahenten, unversöhnlich,
sie werden immer mehr persönlich.

Vor Langeweile oder auch vor Wut
nimmt nun das Publikum den Hut,
verlässt erbost sogar den Raum.
Die beiden Redner nervt das kaum.

Weil keine Meinung wollte siegen,
die beiden Redner schließlich schwiegen.
Die Einsicht konnte sich platzieren
und Frieden durfte triumphieren.

Der langen Rede kurzer Sinn:
Mehr Zuhören bringt den Gewinn.

Für immer jung

Meist ältere Damen
zum Glück nicht erlahmen,
mit Schalten und Walten
zu glätten die Falten.

Die Haare erbleichen,
mitunter sie weichen.
Die längste Natur
zerzaust die Frisur.

Verkleinerte Länge,
zuvorderst Gehänge,
und hinten Gewabbel –
im Mundwerk Gebabbel.

Die Stimme, einst flötend,
in Ohren wirkt tötend.
Und wird sie nicht heller,
fällt sie in den Keller.

Den Männern geht‘s besser,
je älter, je kesser.
Und wer sich erkühnt,
wird auch noch berühmt.

Wenn Jahre vergehen,
lernt mehr man verstehen.
Die Jugend weicht leise.
Das Alter macht weise.

Und das fängt meist an,
wenn lächeln man kann,
wenn eigene Schwächen,
ins Auge uns stechen.

Episoden des Lebens

Kaum der jüngsten Zeit entronnen,
hat die Kindheit schon begonnen,
rund umher all das Geschehen
aus großen Augen anzusehen.

In der Blüte unsrer Jugend
heißt es, zu hüten unsre Tugend.
Wird nun die Neugier auch schon echter,
begegnen bald sich die Geschlechter.

Doch zunächst muss man sich bilden
noch auf verschiedensten Gefilden.
Ist alles bestens dann gelungen,
wird auch die Hochzeit froh besungen.

War man danach erst noch zu zweit,
ist bald der Kinder Zahl nicht weit.
Beruf und Rang einmal geschafft,
ist auch die Lebenskraft erschlafft.

In der Blüte fortgeschritt'nen Alters
herrscht vor die Klugheit des Verwalters.
Man kann nun alle Zeit sich nehmen,
sich für Interessen zu bequemen.

Was man schon immer gerne wollte,
man aber niemals machen sollte,
das tut man nun und mit Vergnügen:
sich nicht mehr selber zu betrügen.

Legt sich beruhigt auf sein Ohr
und kramt den schönsten Traum hervor.
Der kann vielleicht verwirklicht werden.
Es gibt auch kleines Glück auf Erden.

Mann und Frau

Es herrscht seit Zeiten stets der Mann
aus Anspruch und aus Zeitvertreib,
weil er das Herrschen besser kann
als eine Frau, das schwache Weib.

Die Sprache hat das aufgenommen
Es herrscht der Herr, die Frau nie „fraut“.
Weil die sich Besseres getraut,
hat nun auch Mut sie überkommen.

Mit List und Vorsicht herrscht die Frau
und setzt die Mühen ein genau.
Ist sie gar klüger als der Mann,
schlägt sie ihn schlau in ihren Bann.

Der Schönheit kann kaum widerstehn
der Mann, bald ist‘s um ihn geschehn.
Da wird er schwach und sie wird stark.
Die Liebe trifft ihn bis ins Mark.

Er bietet ihr die Ehe an --
das war ja auch ihr stiller Plan.
Wenn beide bestens sich ergänzen,
hält ihre Bindung ohne Grenzen.

Circulus Vitae

Ein Jüngling hat sein Herz verloren
und sich ein Mädchen auserkoren.
Dem offenbart er seine Liebe,
damit sie immer bei ihm bliebe.
So reicht er ihr bald seine Hand,
zu festigen der Ehe Band.

So wie du mir, so er zu ihr --
aus zwei wird drei, vielleicht auch vier.
Ist die Familie erst komplett,
gestaltet sich das Leben nett.
Für alle Eltern wohl gelinder,
am besten für die Schar der Kinder.

Sind die erwachsen, so sieht‘s aus,
verlassen sie das Elternhaus,
um ihrerseits sich zu vermehren
und Kinder wieder zu gebären.
Die Enkel sich mit Abstand halten
von immer zahlreicheren Alten.

Die sind ein Anhängsel der Zeit,
kaum nütze und dem Tod geweiht.
Dies Schicksal, reichlich nachzulesen,
blüht ja auf Erden allen Wesen.
So schließt sich noch einmal der Kreis.
Des Lebens Glück kennt seinen Preis.

Klug wie ein Rabe

Durch ein Fenster in der Nähe
ist zu sehen eine Krähe.
Oder ist es mit Gehabe
gar ein rabenschwarzer Rabe?

Als Vogel kann er wohl auch singen.
Wie mag nur seine Stimme klingen?
Oder muss bei seinem Krächzen
sein schwarzer Schnabel kräftig ächzen?

Er schaut dich plötzlich ernsthaft an,
erkennt durchs Glas wohl einen Mann
und klopft als echter Spiegelfechter
ans Fensterglas mit Krächz-Gelächter.

Er hat, obwohl noch nicht benannt,
im Spiegelglas den Feind erkannt.
Doch dabei gänzlich er vergisst,
dass er das schließlich selber ist.

Wer manchmal resignierend meint,
er selber sei sein eigner Feind,
der mag sein Spiegelbild befragen
und sich mit diesem auch vertragen.

Es gibt bei jedem Für und Wider
ja meistens auch ein Auf und Nieder.
Und eine Krähe hackt zuhaus
der anderen kein Auge aus.

Treffen beim Klavierkonzert

Es treffen keck sich, forsch, alert
zwei Komponisten zum Konzert.
Der Mozart und Rachmaninow
bewundern gegenseitig ihren Stoff.
Die hoch berühmten Komponisten
sind beide auch Klavierartisten.
Ihr Ruhm als Tondichter weltweit --
ein Größter jeder seiner Zeit.

Im Himmel bringen zu Gehör
die beiden nun, ob leicht, ob schwer,
vergleichbar Kolibris und Elefanten
mit technisch äußerst hohen Kanten,
die schönsten Werke der Musik,
entfernt von kleinlicher Kritik.

Doch Mozart, heiter, „popular“,
ist krasser Tonchromatik bar.
Die liebt Rachmaninow vor allem,
mit Fingertechnik kaum zu ballen.
Auch Mozart denkt, mal zu versuchen,
Chromatik in sein Werk zu buchen.

Da protestieren im Gedränge
gewaltig selbst die bravsten Engel.
Rachmaninow muss mit sich ringen,
lässt auch Passagen sanglich klingen.
Ein Wirbelwind und ein Orkan ...
wer jubelt, hat noch mehr getan.

Die Szene wirkt fast theatralisch,
die beiden sind hochmusikalisch
und dienen herrlich der Musik
mit Tempo für das höchste Glück.
Denn „Ohne sie wär' alles nichts“,
sagt Mozart Ende des Gedichts.

Kleinstgeld

An einer Kasse eine Schlange,
ach herrje, da wird's dir bange.
Zwanzig Kunden vor der Nase,
das drückt ja heftig auf die Blase.
Stehst dir die Beine in den Leib
zu deinem stillen Zeitvertreib.

Wenn endlich du an dieser Kasse,
zählst du, was wirklich da an Masse.
„Schon vierzehn Euro sechsundzwanzig.
Für das Kleinbisschen, find ich grantig:
Was ist der Einkauf doch so teuer!
Mein Kleingeld wird nicht eben neuer."

In der Tasche neben einem Zweier
mehr als ungezählte kleine Einer,
bis der Zehner kommt zusammen,
steigt die Wut zu hellen Flammen.
Der Fünfer endlich auch geschafft --
nun ist die ganze Kraft erschlafft.

Die Dame an der Ladenkasse
prüft erst einmal die ganze Masse.
Noch zweimal, denn so sieht es aus,
und gibt das Wechselgeld heraus,
auf fünfzehn Euro klitzeklein.
Es soll doch so in Ordnung sein.

Den Kunden in der Warteschlange
wird dies nun wirklich doch zu lange.
Sie werfen ihren Einkauf frisch
da vorne auf den Kassentisch,
verlassen diesen teuren Laden,
damit er habe selbst den Schaden.

Eine Lanze fürs Gespräch

Es gibt Gelegenheit im Leben,
dass Menschen auch nach Vorteil streben
und das nicht immer mit Erfolg,
selbst wenn man dies dem Willen zollt.

Hört ein andrer, er sei schuldig,
wird er das prüfen recht geduldig
und kommt er schließlich zu dem Schluss,
dass er so schuldig nicht sein muss,
wird er entgegentreten solch Begehren
und seine Unschuld schlicht erklären.

Da hat er doch die ganze Nacht
nur über Lebensfragen nachgedacht.
Des andren Ungemach tut ihm ja leid,
zu lindern das, ist er bereit.
Wenn dieser aber sich entzieht,
so ist‘s das Ende von dem Lied.

Im Gewühle der Gefühle
kreist nun die Gedankenmühle
mit dem Ziele, dass Gedanken
um die Möglichkeiten ranken,
wie man Missverständnis meidet,
und Schuldzuweisung nicht erleidet.

Denn miteinander nur zu sprechen,
ist besser, als den Stab zu brechen.
Vielleicht benötigt man inmitten
der Geschichte einen Dritten.
So lässt sich alles freundlich enden,
und wieder dann zum Frieden wenden.

Frage und Antwort

In der Musik gilt meist die Lage,
dass ein Thema stellt die Frage,
worauf setzt, in einem Wort,
sich die Antwort klanglich fort.

Wenn zwei Menschen ohne Zechen
ernsthaft miteinander sprechen,
fängt für sie an keinem Tage
Antwort an vor einer Frage.

Das gelte ja, und kaum zu Recht,
grad für das männliche Geschlecht.
Der Fragen gibt es schließlich viele,
und jede nur mit einem Ziele,

die rechte Antwort erst zu finden,
dem anderen nicht aufzubinden.
Was gut ist und nicht einerlei:
Der Meinungen gibt es ja zwei.

So möge man auch ohne Klagen
mit Antworten auf heikle Fragen
nicht allzu viel herum sich schlagen
und schließlich bestens sich vertragen.

Rote Marmelade

In einem Heim für Senioren
hat man zum Frühstück auserkoren
fürs Brötchen, diesmal kaum zu schade,
die dunkelrote Marmelade,
weil nun dieselbe, vormals gelbe,
es nur noch gibt entfernt der Elbe.

Nun sollte man genau beachten,
was Rot auf Weiß für Flecken machten.
Denn eine solche Marmelade
erzeugt die reinste Farbparade
und dieser Art erprobte Flecken,
die lassen sich nie mehr verstecken.

Als hätt‘ der Teufel es gewollt,
ward einer Frau das Pech gezollt:
Die Röte floss in wahren Strömen,
die weiße Bluse zu verschönen.
Du lieber Himmel, welch ein Graus,
wie sieht das Kleidungsstück nun aus!

Die Dame lächelt unbenommen,
denn der Gedanke ihr gekommen,
sie habe in der Stunde Gunst
nun selbst erzeugt moderne Kunst.
Die Farbe Rot in allen Tönen
kann Pech und Glück nun recht versöhnen.

Das Sonntagsfrühstück

Hat man sogar im Ehehafen
nun endlich einmal ausgeschlafen,
lockt nach getaner Arbeitswoche
am Sonntagmorgen die Epoche
des Galafrühstücks, frank und frei.
Und mit dabei ein hartes Ei.

Zur Auswahl gibt es Scheibenkäse,
ob mit und ohne Mayonnaise,
mit Schinken und auch fetter Wurst,
und starkem Kaffee für den Durst,
der Marmeladen vielerlei.
Und mit dabei ein hartes Ei.

Hat man das Weißbrot kross getoastet,
das Ehepaar sich zugeprostet
mit Buttermilch und süßem Saft,
so ist das Frühstück bald geschafft,
fehlt nur der weiche Haferbrei.
Und mit dabei ein hartes Ei.

Da kommt die Henne angelaufen,
und wirft das Frühstück übern Haufen,
pickt frech herum mit harten Hieben,
wo denn ihr bestes Ei geblieben,
legt deren schnell noch einmal drei.
Und mit dabei ein hartes Ei.

Die Frage gilt, wie viel indessen
an Eiern jeder hat gegessen.
Die Leute halten sich den Bauch,
darin nun wie viel Eier auch?

Vielleicht, weil solche krummen Sachen
sie beide endlich lachen machen.
Nun ist die Spielerei vorbei,
ob mit und ohne Osterei.

Gut zu tun mit Langeweile

Wenn jeden Tag ist gar nichts los
und alles Tun des Sinnes bloß,
verzichtet man auf bange Eile
und gibt sich hin der Langeweile.

Darin kannst du nun sattsam ruhn
bei stiller Einkehr gar nichts tun,
vielleicht ja nur dich selber narren
und Löcher in die Decke starren.

Denn auf des Lebens langer Meile
hat sich verflüchtigt jede Eile
und so bleibt in mancher Munde
die Trägheit das Gebot der Stunde.

Nach gutem Frühstück Zeitung lesen.
Und was passiert -- es sei gewesen.
Denn schließlich geht es dich nichts an.
Du hast ja nichts dazu getan.

Da keiner fragt nach deinem Glück,
lehnst du im Sessel dich zurück,
lässt anderen die Plagerei,
nutzt frei der Tage Einerlei.

Mittagsschläfchen, Kaffeekränzchen,
Klatsch, Geschwätz und Saitentänzchen.
So wird aus der Langeweile
sehr geschickt die kleinste Eile.

Um den Pudel und die Nudel

Unsere alte Hündin Trudel
ist von Rasse her ein Pudel
und so dick wie eine Nudel,
trinkt sehr gerne hellen Sprudel.

Wer nicht möchte sich besudeln
meidet besser fette Nudeln.
Denn dieselben drohn beim Sitzen
über'n Tellerrand zu flitzen.

Die Nudel ist aus Weizengrieß,
was viele Mägen reizen ließ.
Sie ist mal kurz und einmal lang,
bringt Freudenklang im Zwischengang.

Vor Nudeln sollte man nicht fliehen,
weil sie uns spenden Kalorien,
um auch die Liebste lieb zu nudeln,
ganz stark und fest, und nicht zu hudeln.

Weil unsre nudeldicke Dern
den spannenlangen Hans hat gern,
umgarnt sie ihn mit ihrer Treue
und nascht an Nudeln täglich neue.

Spannende Neuigkeiten

In der Zeitung steht zu lesen,
was in der Welt ist los gewesen,
wer geboren, wer gestorben,
wer hat Preise sich erworben.
Und wie, die Nachricht nicht veraltet,
das Wetter sich jetzt noch gestaltet.

Die so geliehenen Neuigkeiten
gilt's munter weiter zu verbreiten.
Man gewinnt die eigne Meinung
über jegliche Erscheinung
und gibt den andren zu verstehen,
was demnächst Arges könnt geschehen.

Man zeigt sich also neunmal klug,
weil in der Welt herrscht Lug und Trug
und euch die Einsicht sei zumute:
Das Schlechte überwiegt das Gute.
Mit Vorsicht möge man drum handeln
und nicht mit Ungewissheit bandeln.

Dem optimistisch zu begegnen,
heißt nur, das Gegenteil zu segnen.
Die Wahrheit liegt stets in der Mitte,
das glaubt von Fünfen jeder Dritte.
Das Gute aber, echt Gerechte,
wird übertreffen einst das Schlechte.

Nur gute Wünsche

Hunger und Leid,
Machtgier und Neid -
den Jammer der Welt,
von uns nicht bestellt.

Wie soll‘n wir ihn lindern
bei Eltern und Kindern,
bei Männern und Frauen,
die weltweit zu schauen?
Bei Jungen und Alten,
oft Elendsgestalten?

Mit Teilen und Spenden
solch Schicksal zu wenden,
solch Leid zu bezwingen,
das möge gelingen!

In Wahrheit doch kaum,
das bleibt wohl ein Traum.
Dazu als Geständnis
ein Lippenbekenntnis
und nur gute Wünsche,
des Mitleidens Tünche.

Etappen von Karriere

Kannst du auf einem Bein gut hüpfen,
wirst du Geheimnisse auch lüpfen.
Wer dann mit beiden Beinen springt,
dem dies bis hoch hinauf gelingt,
ist schließlich mit Zivilcourage
auch angekommen in der Chefetage.

Dort setzt er fort die Karriere,
was bald gelingt, trotz aller Schwere.
Er bleibt ja leider nun kein Junger.
Das weckt nach Macht in ihm der Hunger.

Er überwacht genau das Personal,
besonders, wenn es reich an Zahl.
Wenn sein Verbleiben aufgehoben,
wird es ihn einmal heuchelnd loben.

Dann dreht ihm diese ganze Blase
begeistert eine lange Nase.
Wer nach ihm folgt, der junge Hupfer,
setzt für Gemeinsinn besser Tupfer.

Hinter dem Horizont

Wer sich in guter Bildung sonnt,
besitzt gewissen Horizont.
Ein Mensch, der noch auf Bäumen wohnt,
bleibt fürderhin von Horizont verschont.
Er glaubt, dass der für ihn nicht lohne
und überschaut der Bäume Krone.

Wo Meer und Himmel sich vereinen,
wird Horizont unendlich scheinen.
Doch auf die Zukunft übertragen,
mag man für sich den Glauben wagen,
dass hinter dieser langen Zeile
des Menschen reinste Neugier weile.

Wenn große Rätsel sich verstecken,
dann wagt der Mensch, sie aufzudecken,
und will sich neue Ziele setzen.
Die Wissenschaft weiß das zu schätzen.
Der Schüler sollte in sich horchen,
und sich am besten selbst erforschen.

Wie weit sein Geist soll schließlich gehen,
mit allen Folgen abzusehen. --
Ein Horizont birgt auch Gefahren,
sich zu verirren mit den Jahren.
Des Universums Grenzen überschreiten,
heißt gar, das Ende einzuleiten.

Gefährlichste Waffen

Die Wissenschaft will untersuchen,
wogegen wirkt der Käsekuchen,
was Käs und Kuchen innewohnt
und Körpersäfte pfleglich schont.

Die Medizin wird hergestellt,
die Leib und Hirn zusammenhält.
Mit Namen heißt sie kurz Ka-I
und macht den Menschen schlau wie nie.

Er kann sich auf die Faulhaut legen
und lässt Ka-I sich munter regen.
So hat er künstlich erst geschaffen
des Intellektes größte Waffen.

Die richten sich selbst gegen ihn,
und mähen einst die Menschheit hin.
Dann gibt es weder Wald noch Buchen
und nie mehr schönen Käsekuchen.

Des Intellektes Testament --
da hilft auch kein Medikament.

Teures Lebensende

In einem Heim für Senioren
haben Jugendliche nichts verloren.
Hier lebt man gern in kleinen Grüppchen
und kocht am Mittagstisch sein Süppchen.

Getappt in solche Greisenfalle,
sind einsam doch die Alten alle.
Man will ja die Familie schonen
und noch das Lebensende lohnen.

Das heißt nun Tag für Tag das Gleiche,
so lang das teure Kleingeld reiche.
Obwohl es fehlt an Sensationen,
darf man hier selbstbestimmt noch wohnen.

Und bleiben immer wieder Stühle leer,
bedrückt es meistens wohl nicht sehr.
Man will daran nicht weiter denken,
versucht, das eigne Ziel zu lenken.

Auf leeren Stühlen rückt das Alter nach,
um Platz zu nehmen mit Gemach.
Sein Schicksal nimmt man nun in Kauf –
so rundet sich des Lebens Lauf.

Leben ist Bewegung

Was immer sich nur sanft bewegt,
hat unserm Auge eingeprägt,
dass es lebendig ist, nicht starr und fest
und sich nicht lang erhalten lässt,
wie etwa die antiken Mauern,
geschaffen von Palast-Erbauern.

Bewegung dient dem Augenblick.
Und wirft man einen Blick zurück,
bleibt sie nur kurz zu überschauen
und will den eignen Kräften trauen.
Sie endet, wie die Zeitenwende,
an jedes Menschen Lebensende.

Die Sinne glücklich anzuregen,
ist für den Geist der beste Segen.
Wie schon die Philosophen dachten,
gilt es, die Schönheit stets zu achten.
Wo die Gedanken sinnvoll weben,
erfüllt sich ein bewegtes Leben.

Comedy – so schlau wie nie

Auf einer Bühne, kahl rundum
Comedian vor Publikum.
Das scheint, wie er, zunächst nicht dumm,
erwartet, was nun kommt, noch stumm.

Er breitet aus sein letztes Wissen,
durchsetzt von spitzen Witzes Bissen.
Und hüpft herum zu unterstreichen,
wie kluge Geister sich hier gleichen.

Das Publikum lässt sich nicht bitten,
klatscht brav in Hände, laut mit Tritten.
Es hat sich köstlich amüsiert,
sonst Arges ist nicht viel passiert.

Zum Abschluss gibt es noch Geschrei.
Der Jubel schiebt den Spaß vorbei.
Comedian in Schweiß gebadet,
sein Scharfsinn hat ihm nicht geschadet.

An Politik mit Scherz gefeilt,
hat er noch tüchtig ausgeteilt,
kann so beim Publikum gut landen.
Die Leute fühlen sich verstanden.

Den Kopf noch voll erlebter Flause,
zufrieden eilen sie nach Hause.
Dort wartet nach ein bisschen Sause
der Langeweile große Pause.

Plant man die Zukunft auch voraus --
die Wirklichkeit sieht anders aus.

Plädoyer für Optimisten

Wer immer wieder fröhlich lacht,
hat seine Sache gut gemacht.
Wer da hingegen traurig guckt,
hat sich zumindest arg verschluckt.
Ob Opti- oder Pessimisten,
sie, so ihr Los, das Leben fristen.

Ein Optimist lässt sich nicht kriegen,
nur unter einer Last zu liegen.
Schon eher wird es ihm belieben,
das Schwere einfach wegzuschieben.
Das gilt es ohnehin zu meistern,
mit Hilfe von den guten Geistern.

Ein Pessimist nimmt schon mal Rache,
bezweifelt stets der andren Sache.
Er schenkt fast immer gerne ein
das reinste Wasser in den Wein,
wenn er sich fühlt im Hintertreff,
statt vorn zu sein wie das Effeff.

Dies Wort stammt einst aus dem Latein,
soll Form, Funktion von Dingen sein.
Wer beides zu erklären weiß,
erhält der Bildung höchsten Preis.

Vereint – die beiden Charaktere
entziehen sich jedweder Schwere.
Es wird ja ihnen froh zumute,
wenn sie nur glauben an das Gute.

Oben und unten

Wenn sich vereinen viele Bäche,
und strömt ihr Wasser noch so sehr,
dann bilden sie die Oberfläche
von einem See, sogar vom Meer.

Der Blick schweift weit, von Kraft besonnt,
und grenzt sich ab vom Horizont.
Unterhalb der Fläche wohnen
unerforscht geheime Zonen.

Manchen Menschen wär‘ es peinlich,
durchschaut zu werden höchstwahrscheinlich.
Wem nun charakterlich fehlt Tiefe,
tut so, als ob er nach ihr riefe
und zeigt bewusst bei jeder Zeche
die allerschönste Oberfläche.

Da heißt es kaum „oh jemine“,
weil die tut niemand wirklich weh.
Solch Wesenszug will man nicht trauen
und lieber etwas tiefer schauen.

Die Nadel vom Heuhaufen

Eine kleine Nadel, nicht von Adel,
springt herab vom Sofatische,
dass ein Griff sie nicht erwische.
Dabei trifft sie auch kein Tadel,
denn sie folgt ja nur der Herrschaft
unsrer lieben Erde Schwerkraft.

Sie versteckt sich unweit tiefer
auf dem Boden, ähnlich Schiefer,
wohl damit man sie nicht finde
für der Haarpracht Aufgebinde.
Kichert leise vor sich hin:
„Nicht verfügbar“, ist ihr Sinn.

Dachte sie, sich selbst zu stützen,
wird ein Aufbegehren ihr nichts nützen.
Denn für Ersatz steht zur Verfügung
zum Frisieren mit Vergnügung
eine Schachtel, voll mit Nadeln,
die nun ihrerseits die Haarpracht adeln.

Also ist ihr Ziel verpufft,
hat sich aufgelöst in Luft.

Rückgrat zeigen

Wenn plötzlich Pech dem Menschen naht,
beweist sich Rückgrat in der Tat.
Und trifft ihn gar des Schicksals Keule,
so stützt ihn doch die Wirbelsäule.
Wenn schließlich er sich tief muss bücken,
wird ihm die inn're Haltung glücken.

Beurteilt man ihn oft nicht gut,
setzt er dagegen seinen Mut.
Versucht man gar ihn umzustimmen,
nicht gegen jeden Strom zu schwimmen,
beharrt er fest auf seiner Meinung
und zeigt die stolzeste Erscheinung.

Wer derlei Rückgrat nicht besitzt,
wird daher auch mal abgeblitzt.
Er will es allen recht nur machen,
hört nicht, wie schadenfroh sie lachen.
Bleibt er ein Wackelkandidat,
so hilft ihm kaum der beste Rat.

Auf die Beine kommen

Dem Menschen bleibt es unbenommen:
Er muss erst auf die Beine kommen,
liegt er noch an der Mutter Brust,
steht er rasch auf, marschiert mit Lust,

kommt später dann wie von alleine
rein körperlich auf beide Beine.
Sein Glück zu machen, gilt ein Wort.
Das treibt den Menschen um und fort,

bewegt ihn aufwärts viele Jahre,
bis er verliert die meisten Haare.
Im Alter kennt sein Weg auch Steine.
Bald kommt er schwerlich auf die Beine.

Gymnastik darf ihm fortan nützen,
die Festigkeit des Standes stützen.
Beim Zähneputzen soll er stehen,
auf einem Bein, wie nie geschehen.

Bald muss ihm ja die Einsicht frommen:
dass aus dem Bett er kaum kann kommen.
Die Beine schwach, die Wade fade,
das ist ja wirklich jammerschade.
So von der Höhe eines Turmes
nun auf die Ebne eines Wurmes --

Doch wenn am Tage, in der Frühe,
Gedanken kreisen ohne Mühe,
die selbst sich an einander reiben,
heißt, geistig „auf den Beinen“ bleiben.

Türen

Es wird ja niemanden verdrießen,
die Türe hinter sich zu schließen.
Damit sperrt andere man aus,
zu fallen mit der Tür ins Haus.
Denn Türen schützen vor Gefahren,
und wollen Sicherheit bewahren.

Wer dennoch schielt durchs Schlüsselloch,
hofft auf Geheimes, das er roch.
Nun muss er sich damit begnügen,
vom Himmel selbst das Blau zu lügen,
und gut vor eigner Türe kehren,
um sich manch Zornes zu erwehren.

Wer immer Vorsicht schlau lässt walten,
wird Hintertür sich offenhalten.
Bei „Türe zu!“ und „Gute Ruh!“
dann wird daraus sogar ein Schuh.
Man will vom anderen nichts wissen
und kann ihn herzlich gern vermissen.

Doch bleibt die Tür nur angelehnt,
sich jemand hinter ihr bequemt,
sehr aufmerksam und ohne Stören,
den Gast auch freundlich anzuhören.
Wenn einmal Abschiedstränen fließen,
lässt sich die Türe leise schließen.

Wenn laut es pocht an deine Tür:
Kommt gar der Weihnachtsmann herfür?
Und off‘ne Türen einzurennen,
heißt ja, willkommen sich zu nennen.